DE LA GÉRONTOCRATIE.

DE
LA GÉRONTOCRATIE,

OU

RABUS DE LA SAGESSE

DES VIEILLARDS

DANS LE GOUVERNEMENT DE LA FRANCE;

Par M. J.-J. FAZY.

PARIS,

Chez :
- DELAFOREST, rue des Filles-Saint-Thomas, N° 7.
- PONTHIEU et Cⁱᵉ, galerie du Palais-Royal;
- DELAUNAY, galerie du Palais-Royal;

1828.

DE
LA GÉRONTOCRATIE.

Quel génie de domination agitait donc cette
turbulente génération de 89! elle a commencé par
interdire ses pères, elle finit en déshéritant ses en-
fans. C'est en vain que décimée par les échafauds,
affaiblie par la gloire des camps, elle a vu dispa-
raître les hommes les plus intelligens et les plus
vigoureux de son époque, d'une débile main elle
s'obstine à supporter encore tout le fardeau de
l'administration. Avare de son pouvoir, elle a con-
sacré, par des lois fondamentales, que nul ne peut
bien conseiller son pays, s'il n'a plus de quarante
ans et une grande fortune. C'est dans les deux
exceptions, qui écartent le plus les hommes de
la connaissance des besoins de leur temps, que
l'on est forcé de choisir ceux qui représentent les
vœux de la masse. Et lorsque les obtacles s'accu-
mulent, lorsque la marche du gouvernement s'em-
barrasse, on paraît s'étonner de n'y point trouver
de remède. On a rapetissé la France dans 7 à 8000
individus éligibles, asthmathiques, goutteux, pa-
ralytiques, de facultés affaiblies, et n'aspirant qu'au
repos; et l'on voudrait trouver dans ces débris d'un

temps fertile en orages, des conseils fermes et appropriés aux exigences ; c'est dans les représentans de tous les vieux partis, que l'on voudrait trouver la fin des dissentions civiles; c'est dans les hommes, que le hasard a tiré des mauvais pas d'une révolution, que l'on voudrait trouver des génies, qui sont déjà des hasards dans une population de trente millions, et qui doivent l'être bien davantage dans un cercle tellement étroit et exceptionnel, que ce n'est pas assez qu'il ne soit composé que de vieillards, mais qu'il faille encore que l'aveugle fortune y vienne limiter les choix.

Et l'on s'étonne de ne pas rencontrer dans cet indocile et ambitieux résidu de toutes les prétentions révolutionnaires ou contre-révolutionnaires des hommes assez forts pour dominer, concilier les suffrages des respectables vieillards qui ne peuvent souffrir la contradiction , habitués qu'ils sont à primer au sein de leurs familles.

On ne voit pas qu'il ne peut être question que d'une lutte de personnes entre des gens chargés d'antécédents plus ou moins hostiles les uns aux autres ; que l'administration du pays est la moindre des choses pour des hommes en rivalité flagrante, et que si par hasard quelqu'un d'entre eux songeait à gouverner, il serait sifflé comme un pédant.

Chasser des jésuites pour des jansénistes, ou des jansénistes pour des doctrinaires, ou des doctrinaires pour des ultras, voilà toute la politique du jour. Or, c'est pure folie ; la France ne comprend point tous ces partis, plus ou moins ridicules ou détestables ; il a fallu la loi singulière, qui n'appelle que des vieillards à la représentation nationale, pour faire surgir du sein d'un peuple régénéré les sottes chicanes de leurs pères. Aussi ne soyons point étonnés, qu'il y ait impossibilité à ce que ces gens là s'entendent entre eux, et que leurs misérables démêlés ne trouvent en France d'autre écho que les sifflets.

Les embarras qui résultent de cette position, devaient être la conséquence inévitable de la violation des lois de la nature humaine: la jeunesse est faite pour le travail ; la vieillesse a besoin du repos, son expérience se signale par les conseils et non par la vie active ; la placer forcément au sein des vives discussions où se formulent les besoins de la société tout entière, par suite lui confier l'administration de la chose publique, c'est priver l'état de la connaissance des faits, c'est gouverner hors de la sphère d'activité dans laquelle se meut la nation. Aujourd'hui la grande question qui donne aux peuples une apparence révolutionnaire, tient aux développemens de la civilisation ; chaque homme veut prendre part à ses bienfaits, et la société est toute en émoi pour augmenter les produits afin de consommer davantage ; cet élan enfante mille phénomènes qui ne s'expliquent plus avec le langage d'autrefois, et qui ne peuvent avoir d'autres interprètes que ceux qui sont lancés eux-mêmes au sein de ce nouveau tourbillon. Or, les vieillards sont-ils en état de donner la moindre solution à ce sujet? Retirés de ce mouvement, goûtant le repos dû à leur âge, l'agitation qui se développe autour d'eux les fatigue, tout leur soin est de s'en défendre; ils donnent alors à ce qui se passe des explications bizarres, ils voient des partis où il n'y a que des besoins et des nécessités, et la source de tous les quiproquo est due tout entiere à la faiblesse des organes de ceux qui se sont chargés d'interprêter l'esprit du jour.

De là naît la pire des situations; des disputes sur les choses qu'on n'entend pas; de fausses explications se donnent à la tribune; elles se répètent dans la nation, et l'on adopte des mots nullement en rapport *avec les choses*: comment s'entendre au sein d'un tel embrouillement? Aussi les ministères se succèdent sans pouvoir être soutenus par l'opinion; car aucun ne comprend la situation de la France, expliquée par les sages vieillards appelés pour cela.

Je ne connais pas de législation où l'on se soit encore avisé d'exclure la jeunesse et l'âge mûr, c'est-à-dire les 11/12 d'une génération, des délibérations publiques; la France, si soumise à tous les essais politiques, était réservée pour démontrer les résultats d'une aussi étrange précaution.

On s'est avisé de bien des bizarerries dans les institutions politiques de différens pays, mais jamais d'une semblable.

Non que je veuille prétendre qu'il serait utile de se passer des vieillards dans le gouvernement d'un état; non, sans doute, et parce que la partie virile de la nation est aujourd'hui privée de ses droits, elle ne se croirait point autorisée à proscrire ceux qui l'ont proscrite. Outre leur expérience, les vieillards ont des droits à faire valoir; c'est entre leurs mains que se trouvent, par l'ordre naturel des choses, les capitaux acquis; ils ont incontestablement, comme propriétaires et capitalistes, une opinion à défendre; mais autant cette opinion, qui est toute de conservation, est utile lorsqu'elle est émise en face des exigences de la partie de la nation qui produit et crée de nouveaux capitaux, autant elle devient nuisible quand elle s'exprime seule; l'esprit inquiet de la vieillesse, lui fait alors résoudre son goût de conservation en privilèges et en entraves; croyant défendre ses capitaux, elle gêne la création de nouvelles valeurs, imbue qu'elle est de ce faux principe, qu'une valeur qu'on acquiert se dérobe à une autre personne, et ne pouvant encore comprendre la progression indéfinie des richesses.

Ainsi j'explique ma pensée; le régime social ne doit point être privé des conseils de la vieillesse; mais elle doit être admise dans une juste proportion avec la part qu'elle a dans la vie civile, et avec le genre d'utilité dont elle est susceptible: les conseils de l'expérience.

Le sénat est la place qui lui est due, et c'est assez beau pour elle qu'aucune loi ne puisse passer sans son assentiment.

Les anciens l'avaient compris, et à côté de ces

places publiques, où les citoyens venaient à vingt-
un ans discuter les intérêts de leur patrie, se
trouvaient des conseils de *Gérontes*, où se recueil-
laient les avis de la vieillesse.

Les vœux, les besoins, les désirs de la nation,
s'exprimaient d'abord hautement sur la place publique par des gens de tout âge et de tous états;
ainsi on avait connaissance de ce qui était utile à
la multitude. Puis les Gérontes donnaient leur avis
sur la manière de faire passer, dans les lois, cette
expression des nécessités de l'époque ; vivement
manifestées par des jeunes gens à la tribune nationale, elles réveillaient des souvenirs dans les
têtes de ces vieillards, qui comparaient les faits
passés avec les faits nouveaux, et secondaient de
leur expérience les déterminations à prendre.

Cependant si, en changeant de rôle, ils eussent
cru que tout le peuple était en eux ; si, au lieu de
donner des conseils sur des faits qu'on leur révé-
lait, ils se fussent déclarés les interprètes d'une
vie active, à laquelle ils ne prenaient plus part,
alors les questions à l'ordre du jour eussent pris
tout le caractère des préocupations de leur âge,
et l'état en eût reçu une impulsion de routine et
de décrépitude. Nous verrions aujourd'hui dans
les historiens de l'époque, dans les traités philo-
sophiques et politiques, de justes plaintes sur les
abus d'un tel gouvernement, et nous y trouverions
des argumens pour notre temps. L'esprit d'obser-
vation des peuples de la Grèce nous a légué des
phrases toutes faites sur les excès des gouverne-

mens démocratiques et aristocratiques ; nos politiques de collége, et nos publicistes routiniers en ont fait de belles amplifications ; par malheur Aristote n'a pu nous parler de la *Gérontocratie*, et pour signaler ce fléau de notre temps, il faut faire le mot et expliquer la chose.

C'est une grande difficulté que de n'avoir pas de précédens pour corroborer la force d'une opinion par un mot tout fait.

La Gérontocratie, ou le gouvernement des vieillards, est, selon moi, la cause de toutes les difficultés que l'on rencontre au sein de la profonde paix, dans laquelle nous vivons depuis long-temps ; et, quoique forcé d'expliquer ma pensée, de dire ce que j'entends par ce mot nouveau que je bâtis avec la langue politique des Grecs, je suis encore heureux que ce mot ait quelque analogie avec ceux consacrés dans notre nomenclature empirique ; je ne m'en tirerai pas sans cela, et j'en demande pardon à ceux de mes amis, qui savent que j'ai peu de respect pour la terminologie politique en usage, mais il faut se faire comprendre, et, tant que la science n'est pas faite, il faut se servir de mots provisoires.

En attendant, je soutiens que les abus et les excès de la Gérontocratie ont amené la France à un point d'embarras, qui n'aura de terme que la fin de ce *régime*.

C'est le fait des exceptions sociales qui n'émanent point de la nature des fonctions politiques, mais qui ne sont que le produit du caprice ou d'une prudence mal entendue d'amener les questions à un tel point de confusion, que les hommes chargés des affaires sont forcés d'avouer eux-mêmes leur faiblesse et leur insuffisance ; or, je ne sache pas que dans ce moment il reste rien à faire dans ce sens à la Gérontocratie.

N'a-t-on pas vu le gouvernement de la France, sans aucune révolte, sans aucune calamité ni intérieure ni extérieure, s'embarrasser lui-même, et se mettre presqu'en danger, sans qu'on puisse au juste dire pourquoi.

Cette influence est due évidemment à la chambre des députés qui, depuis la restauration, a toujours fait passer l'administration dans les mains de sa majorité, laquelle, par défaut de talens, n'a pas su connaître ce qu'il faut à la France.

La fausse position qui en est la suite est le fruit des conditions d'éligibilité qui n'ont amené, dans les affaires publiques, que des hommes incapables d'expliquer l'état réel de la nation.

L'intelligence sociale, c'est-à-dire, ce qu'on appelle vulgairement le gouvernement, s'éllabore en France par l'organe de trois pouvoirs distincts, chargés de fonctions diverses : le Roi, la Chambre des Pairs, et la Chambre des Députés. Le but d'une telle distribution est incontestablement de connaître les besoins de la nation, et d'y satisfaire par tous les moyens humains.

Le Roi exerce le pouvoir qu'on appelle exécutif, dans la langue politique actuelle ; il concourt aussi à la puissance désignée sous le nom de législative; il tient ces pouvoirs des droits de sa naissance; mais leur utilité se démontre par des fonctions qui, dans le but proposé, ont pour objet d'apprécier les dangers extérieurs, de réunir et de coordonner les moyens de résistance aux injustices de l'étranger ; de maintenir la paix dans l'intérieur par l'exécution des lois, c'est-à-dire, d'après les renseignemens que les gens les plus capables peuvent lui donner sur l'état des transactions entre les citoyens, et sur les moyens de maintenir la justice entre eux. Pour y parvenir, il choisit une administration et des cours judiciaires qui, quoique nommées par lui, ne dépendent que de la loi, c'est-à-dire, de l'expression des besoins de la nation, formulée par les représentans de cette nation : le Roi, lui-même, concourt à ces décisions, parce que sa position lui donne de grands moyens d'apprécier ce qui est bon, et que son intérêt privé y est attaché. Mais comme un monarque n'est qu'un homme, que sa sphère élevée le rend souvent dupe des intrigans, que son propre jugement peut le trahir, et que d'ailleurs sa haute fonction politique l'entoure d'un luxe et d'une vie d'exception, qui peuvent lui faire prendre le change sur la vérité, il partage avec ces corps constitués, ressortant des intérêts de la nation, le droit de faire la loi. Avec ces garanties, quand elles sont réelles, peu importe que le monarque soit jeune ou vieux; ses ministres responsables, qui doivent compte aux chambres comme à lui de l'exercice de son pouvoir, sont là pour répondre des entraînemens de sa jeunesse, de l'ambition de son âge mûr, comme des faiblesses d'un âge plus avancé. Ainsi, dans un gouvernement représentatif, si les affaires de l'état prennent une teinte de violence ou de décrépitude, ce n'est point au monarque qu'il faut l'imputer; et je m'explique ouvertement à ce sujet, pour que le titre de cet ouvrage ne soit point soumis à de fausses interprétations.

Après le Roi, la Chambre des Pairs concourt au pouvoir par son vote législatif. C'est le sénat des Romains, c'est le corps des Gérontes des républiques grecques; en un mot, sa fonction politique est d'introduire dans la loi le produit de l'expérience et du savoir, et de modérer par là les élans du peuple ou les inconséquences de l'administration. La récente composition de ce corps en France s'est faite avec les débris d'une partie de notre gloire de trente ans, des vétérans de l'administration, de quelques notabilités sociales, et de quelques illustrations qui ne dérivaient que de vieux titres. Cette chambre ainsi constituée a, sous bien des rapports, justifié ce qu'on attendait des fonctions qui lui sont attribuées; elle a réconcilié un peu les Français avec le mot d'aristocratie; les dignes vieillards qui ont produit ce miracle ont prouvé ce que l'on attend d'eux dans le gouvernement d'un état; ils ont mieux fait ressortir tout le mal produit par d'autres vieillards placés dans cette situation fausse, qui a engendré le nouveau vice social que j'ai essayé de désigner sous le nom de *Gérontocratie;* et ils ont en même temps prouvé tout ce que la vieillesse produit d'utile lorsqu'elle est à sa place.

Nous venons de voir que les deux pouvoirs politiques les plus élevés n'ont pas des relations tout-à-fait directes avec la nation ; l'expression des besoins ne leur arrive que par l'intermédiaire des représentans de ce peuple : c'est à la chambre des députés qu'est dévolue la fonction d'introduire les vœux de la masse dans les délibérations sociales ; le travail de la pensée publique reçoit d'elle sa première impulsion. A-t-elle rempli cette fonction depuis la restauration ? A-t-on obtenu d'elle des renseignemens certains sur l'état de la nation ? A-t-elle rendu compte de sa prospérité ? A-t-elle exprimé le mal-aise de la France ? Non, sans doute ; les discussions se sont perdues dans des questions qui ne sont point avouées par la nation, et douze années ont été gaspillées sans produire d'amélioration dans la législation française. Le système militaire actuel, improvisé pendant la révolution, attend encore d'être mis en harmonie avec l'état de la civilisation ; la vie du soldat est une exception trop marquée aux habitudes des citoyens, pour ne pas être réformée. Mais cette réforme soulève d'immenses questions qui étaient au-dessus de la force de la chambre des députés, et l'on ne s'en est pas occupé, peut-être même ne s'est-on pas aperçu qu'il y a quelque chose de gêné dans le système militaire actuel.

La base des impôts est encore un travail provisoire de la révolution, nullement en rapport avec la liberté des transactions, réclamée par la civilisation : tout le monde sait cela en France ; à la chambre personne n'y a pensé, et l'on est entré dans le système actuel, comme un nouveau propriétaire dans une ferme qu'il vient d'acquérir.

Le système judiciaire est loin d'être parfait ; la procédure civile et criminelle réclament surtout des améliorations pressantes et nécessaires ; beaucoup de questions, dans les procès civils, qui naissent des complications que la civilisation fait surgir chaque jour, auraient besoin de l'interprétation d'un jury pour prononcer sur les points de fait, qu'avec la meilleure volonté, les juges, élevés hors des affaires actives, ne peuvent préciser. Tous les gens lancés dans le tourbillon d'affaires nombreuses et compliquées savent cela ; à la chambre on n'en avait pas d'idée, et l'on eut ouvert de gros yeux bien étonnés, si quelqu'un se fût avisé de tirer ces législateurs des questions personnelles pour arriver à examiner de semblables choses.

Qui ne sait que l'esprit d'entreprise a trouvé en France de grands obstacles à son développement, par une foule de petites restrictions administratives ! qui n'a maudit cent fois le système général de circulation et de crédit qui domine dans le pays ! Diverses crises commerciales auraient dû avertir de cela ; une enquête à ce sujet était la moindre des choses que l'on devait à ses mandataires ; mais, loin de là, des docteurs se sont trouvés qui ont prouvé que les malheurs de l'industrie étaient dûs à ses imprudences, c'est-à-dire, à une production excessive. C'est en vain que la prospérité de l'Angleterre, celle des États-Unis, pouvaient attester qu'il manquait quelque chose à celle de la France ; on n'a pas même examiné ce grave sujet, le plus vital de tous ceux dont une chambre puisse avoir à s'entretenir. Mais la déraison ne s'est pas arrêtée en si beau chemin ; il existait quelques essais de crédit, quelques timides opérations plus avancées ; le gouvernement s'en aperçut, il s'en empara comme d'un bien à lui ; il les détourna sur le commerce des rentes de l'état ; il crut fonder un crédit public en créant une monstrueuse nécessité ; et la chambre applaudit à d'indignes mesures d'agiotage qui, en ruinant le peu de crédit des particuliers, n'ajoutait à celui de l'état que la puérile vanité de tenir les fonds à un prix élevé. Les plus grands malheurs ne purent distraire du stupide entêtement de croire encore à la prospérité de la France, défendue par M. de Villèle, expliquée par M. de Saint-Chamans, et rendue populaire par M. C. Dupin. C'est ainsi que l'ignorance détournait la chambre de l'objet le plus essentiel, et laissait sans explication ce malaise général qu'on s'obstine à regarder comme politique, tandis qu'il n'est qu'un effet de nos mauvaises institutions civiles.

Heureuse cependant la France, si l'ignorance de la chambre n'eût été que négative ; mais une remuante ardeur dévorait les vénérables vieillards chargés des intérêts de la nation. Ils apportèrent à la chambre leur préoccupation de tous les jours, le lustre de leurs noms provinciaux, et, en douze ans, ils ont fait la loi qui défend le divorce, et ils auraient rétabli le droit d'aînesse, si on les eût laissé faire : voilà ce que des représentans du peuple français ont trouvé au dix-neuvième siècle pour améliorer les institutions civiles de leur pays, et seconder les progrès de la civilisation. Ils invoquaient presque toujours le régime légal, et pourtant nul d'entre eux ne songeait à rendre les ministres responsables des abus de pouvoirs fondés sur les décrets illégaux de l'Empereur.

Le sénat a motivé sa déchéance sur ces illégalités ; les Bourbons, en reprenant les rênes de l'état, ont accusé Bonaparte d'avoir méprisé les lois, d'avoir régné par des décrets tyranniques.

Et cependant, les ministres de la restauration ont pu se servir de ces mêmes décrets, sur lesquels on a motivé la chûte de l'empire, sans que les représentans de la France se soient occupés de distinguer les actes illégaux de ceux qui ne l'étaient pas.

Toutes les manières d'exprimer une opinion ont été illégalement monopolisées par le pouvoir, sans que la Chambre des députés soufflât mot.

L'Université s'est arrogé le droit de fermer à

son gré tous les établissemens particuliers d'ins-
truction, et cependant nulle loi ne lui a conféré
ce droit; l'art. 300 de la constitution de l'an iii,
s'exprime dans ces termes :

« Les citoyens ont le droit de former des éta-
» blissemens particuliers d'éducation, d'instruc-
» tion, ainsi que des sociétés libres, pour con-
» courir aux progrès des sciences, des lettres et
» des arts. »

Nulle disposition légale n'a abrogé ce qui concerne les établissemens particuliers d'éducation.

Il est vrai que le 10 mai 1806, il fut rendu par
le Corps Législatif une loi qui disait que l'organi-
sation du corps enseignant serait présentée en
forme de loi au Corps Législatif de la session
de 1810.

Mais cette loi n'a jamais été faite. Bonaparte
y pourvut provisoirement par un décret du
17 mars 1808; mais il est évident que les dispo-
sitions de ce décret, par lequel on croit pouvoir s'arroger le droit de fermer des établissemens particuliers d'enseignement, sont illégales;
n'est-il pas clair qu'un décret de l'Empereur
ne peut avoir la force d'abroger une disposition
constitutionnelle; tout le monde sait, que dans
le droit public actuel de la France, les lois cons-
titutionnelles ou autres n'ont pu être abrogées
que par des pouvoirs institués pour cela; or
la constitution de l'empire ne donnait point à
l'Empereur le droit de réformer des lois par des
décrets; s'il s'est quelquefois permis de le faire,

c'est à cette tyrannie qu'il a dû sa chûte ; il y a donc trahison de la part des ministres qui , sous la restauration, perpétuent de semblables abus de pouvoirs.

Cependant personne dans la chambre élective ne s'est avisé de faire cette remarque ; des ennemis de M. d'Hermopolis et du régime universitaire, n'ont su l'accuser que de jésuitisme, tandis que des gens plus occupés du bonheur réel de la France que des luttes de partis, eussent pu, en lui reprochant l'effrayante illégalité de son pouvoir, aborder des questions bien autrement utiles que celles des petits séminaires qui ne sont qu'une chicane, et non pas une opposition rationnelle.

C'est ainsi que M. de Vatisménil vient de s'asseoir gaiement dans le fauteuil magistral du Grand-Maître, et babille du régime légal en occupant un emploi illégal. — Et pas un de nos sages opposans n'a songé seulement à lui disputer son titre et ses fonctions.

Une autre usurpation du même genre a été commise sur les théâtres ; des entreprises qui valent une centaine de millions, des artistes, des auteurs, le plaisir le plus cher à la nation , tout cela a été livré au bon plaisir de quelques hommes se disant de grands seigneurs, dans un temps où les supériorités sociales ne sont réellement que dans l'intelligence. La chambre des députés a laissé faire sans réclamation, je pense même que tous ses membres ignorent encore que c'est au mépris d'une loi constitutionnelle de 1791, et nullement abrogée, qu'existe la censure théâtrale et les priviléges de théâtres.

Ces honnêtes représentans, en attendant de mettre le régime municipal en harmonie avec la Charte, ce qu'on leur promet depuis quatorze ans, se sont-ils douté un moment que toutes les nominations actuelles sont illégales, puisque la loi veut que les autorités municipales soient choisies dans des listes d'éligibles, ce qu'on se dispense de faire. Leurs lois politiques sont empreintes du même caractère, les deux degrés d'élection, les priviléges de journaux, ne sont aussi que l'expression des intérêts privés de vieillards riches et peu éclairés.

Est-il besoin de preuves? Le sentiment général n'a-t-il pas assez accusé des réunions qualifiées d'introuvables et de ventrues.

Si les Français ont abusé de leur esprit dans les assemblées politiques de la révolution, certes on le leur a bien fait expier depuis.

La profonde incapacité d'un corps de Gérontes, pour exprimer les besoins de la société actuelle, a été assez démontrée depuis douze ans, par la lutte ouverte, dans laquelle sa majorité a été engagée, soit contre l'administration, ce qui a été révélé par trois dissolutions; soit contre la chambre des pairs, qui a été forcée de rejeter plusieurs de ses lois; soit contre la nation qui n'a cessé d'accueillir par des quolibets, les vœux de ceux qui ont tour-à-tour dominé cette assemblée;

si bien que, des délibérations de douze années, il n'est rien resté à la France qui soit d'application réelle.

Franchement, a-t-il rempli les fonctions qui lui sont dévolues par la constitution ? Il n'a jamais exprimé les besoins réels du corps social, et a toujours poussé la France hors des questions d'ordre réel, pour la plonger dans des discussions tout-à-fait étrangères au temps, et d'une politique rétrograde. Je crois bien que chacun des individus qui composaient ces assemblées, avait les meilleures intentions ; mais encore ne pouvaient-ils exprimer ces intentions, que d'après ce qu'ils savaient. Or, que pouvait-on attendre des débris de l'émigration, rentrée dans ses châteaux avec tous les préjugés de son enfance, et ne possédant pas d'autre science politique que quelques principes aristocratiques. Le *nec plus ultrà* de la science politique était la modification de ces principes par l'école anglaise. Il en est sorti les doctrinaires, auxquels nous devons les privilèges des journaux et leurs cautionnemens. Quelques débris de l'administration impériale se mêlaient à cela ; venaient aussi quelques hommes heureux, qui sont sortis du sein du système industriel privilégié qui régit encore toutes les transactions. Mais avec la meilleure volonté du monde, que pouvaient faire de tels députés en se rencontrant dans la chambre ? se disputer sans s'entendre ; *se disputer*, parce qu'ils n'ont pas tous les mêmes habitudes sociales, et que, pour dire la même chose, ils se servent de mots différens ; *sans s'entendre*, parce qu'ils n'ont pas le temps de refaire leur éducation, et qu'ils ne savent pas que sous des mots différens, leur sens est le même. Ce sens est que, lorsque des privilégiés d'âge, de fortune et de position sont réunis, ils ne représentent que des priviléges.

Ne réunissez que des moutons, et vous n'aurez que des bêlemens ; assemblez des lions, vous aurez des rugissemens ; mais, ni les bêlemens, ni les rugissemens, ne vous expliqueront les besoins du règne animal.

Tant que vous ne diminuerez pas au moins l'âge des députés, vous n'aurez que les vœux d'une fraction de la société, et vous entendrez toujours gronder au dessous de vous les plaintes de la multitude.

Vous ferez de l'aristocratie avec la droite, du régime administratif avec le ventre, du doctrinaire avec le centre gauche ; mais vous oublierez toujours ce que réclame la nation, parce que, ni livre, ni journal, ne l'a encore expliqué, et que vous vivez en dehors.

Vous ne l'apprendrez que par les révélations de la tribune ouverte à la jeunesse, sur laquelle pèse aujourd'hui tout le mouvement social. Vous vous usez dans de vieilles luttes, et déjà elle est d'accord, depuis le jeune pair jusqu'au commis marchand ; vous êtes encore à craindre le mot de révolution, et déjà elle a changé ce mot, si diversement interprété entre vous. C'est la civilisation qui la pousse, et non plus la révolution; ce que vous appelez bouleversement, elle l'appelle progression, et cet accord de chose et de mot, se propage dans toutes les classes; la jeunesse s'élance vers des améliorations calmes, dont elle sent le besoin, et dont elle saurait formuler l'expression, tandis que vous en êtes encore aux jésuites, aux jansénistes, et à je ne sais quels démêlés inexplicables. Cette question qui vous occupe, elle la trancherait d'un seul coup, en rapportant la loi qui défend à plus de vingt personnes de s'assembler dans un lieu déterminé, et pour un objet religieux, politique, littéraire, ou tout autre; de cette façon, les jésuites deviendraient libres et tout le monde avec eux. Alors je défierais bien à cette association de crier à la persécution, et son venin serait amorti par la liberté générale.

C'est parceque vous êtes les gens des exceptions et des privilèges que vous rencontrez des embarras.

Excusez notre franchise; mais vous n'en sortirez pas sans nous.

Nous avons subi les aristocrates du côté droit, les ventrus administratifs, et les ventrus jésuites; il serait possible que nous subissions le centre gauche, et la question n'en sera pas plus claire; un fait peut témoigner à ce sujet.

Il est constant que la plus grande influence électorale est sortie de ce côté, et l'omission de plusieurs noms dans les listes qu'on a fait circuler, prouve comment on y entend l'opposition; le pu-

blic a fait justice pour quelques-uns, au nombre
desquels se trouve le général Lafayette; mais
d'autres ont été soustraits à ses suffrages par cet
oubli; M. Voyer d'Argenson, déjà si recommandable sous le rapport de sa vigoureuse opposition de 1816 et depuis, est encore l'un des hommes qui compâtit le plus au sort de la classe ouvrière, il est persuadé que la législation est injuste envers cette classe, et que l'un des grands malheurs du temps, c'est l'éxiguité des salaires du pauvre. Il a fait de grands travaux à ce sujet; il en a déjà quelquefois entretenu la Chambre, et sans doute il eût demandé l'abrogation de la loi sur les coalitions d'ouvriers, loi qui réduit en servitude quelques millions de français.

Eh bien! M. Voyer d'Argenson n'a point été candidat du centre gauche.

Le général Tarayre est un partisan déclaré d'un système de défense par des milices; il croit qu'un grand état peut se passer de ces vastes armées permanentes, qui ne tournent qu'au profit d'un pouvoir oppresseur, qui coûtent fort cher et qui démoralisent le citoyen. Il est aussi l'ennemi des profusions, il recommande une sévère économie dans l'emploi des deniers de l'état, tout le monde se rappelle sa terrible allocution contre le luxe des fonctionnaires. Un tel homme n'a pas su trouver grâce devant le centre gauche.

M. Beauséjour, simple dans ses manières, modeste dans ses goûts, presque un homme des bois, est un des anciens députés qui connaissait le mieux les vices de l'administration ; il n'a jamais manqué de les signaler, en y portant le flambeau d'une saine économie politique ; mais cette science n'est pas encore comprise par les avocats, les banquiers et les philosophes du centre gauche, et c'est à cela, sans doute, qu'il a du d'être exclu de la candidature improvisée par les grands électeurs de Paris.

C'est sans doute là aussi le tort de M. de Corcelles ; ses discours respiraient une saine doctrine économique, ils recommandaient des principes peu en harmonie avec les privilèges qui ont enrichi les grands électeurs, et en l'excluant de la candidature, on a rejeté sur sa véhémence, ce qui n'était, en réalité, que la crainte d'une trop forte franchise sur des objets plus chatouilleux pour de certaines personnes que pour le gouvernement.

Quant au général Demarçay, il est clair qu'on a voulu lui faire expier le tort de vendre lui-même son trèfle rouge ; ceci a paru trop bourgeois pour les hautes notabilités du centre gauche.

Ces cinq anciens députés, dont les noms s'associent à toutes les luttes de l'extrême gauche, soit contre l'aristocratie, soit contre l'administration arbitraire, soit contre la superstition et la déraison, ont été exclus en apparence pour la violence de leur opposition ; mais en réalité parce que leur opposition s'exprimait par quelque chose de positif, et qu'elle était entièrement dégagée de ce vague dans lequel se complaît le centre gauche. Ils avaient *l'extrême gaucherie* d'engager la discussion sur des objets où les doctrinaires sont encore moins disposés à des concessions que les ministres eux-mêmes. En un mot, ils essayaient de formuler les besoins de la masse, et les doctrinaires ne souffrent pas cela ; la raison doit sortir toute armée de lenr cerveau comme du front de Jupiter ; mais pour qu'ils puissent nous faire jouir des systèmes complets qu'ils ont élaborés dans leur cabinet, il faut arriver au pouvoir, et pour cela il ne faut s'expliquer sur rien. Quand ensuite le jour de nous *législater* sera venu, on nous imposera des lois en harmonie avec la Charte, dans le genre des cautionnemens et des privilèges de journaux, et de l'élection à deux degrés.

Or, pour concevoir et vouloir mettre en pratique ce pédantesque système, il faut être encore plus loin du peuple, que ne le sont les aristocrates et les ventrus qui nous tourmentent depuis quatorze ans ; c'est encore l'âge et la fortune, ou des exceptions de position qui ont conduit de fort honnêtes gens à ces aberrations dont nous ne tarderons pas à connaître tout le vide.

Si dans la chambre actuelle il ne se trouve pas vingt personnes qui soient dans le cas de donner des explications satisfaisantes sur l'état industriel du pays et sur ce qui lui manque, cela vient uniquement de là, et le gouvernement se trouve ainsi entravé dans sa marche, sans aucun remède, à moins de changer les conditions de l'éligibilité.

Les discussions de la tribune ont beaucoup aigri les esprits en France, parce qu'on ne s'y est jamais attaché qu'à des luttes de préjugés, et de

personnes; mais si l'on avait une seule session avec
des gens tout bonnement occupés d'améliorations,
sans aucune vue de triomphe de parti ou d'ambition personnelle, on serait bien étonné de voir
qu'un ministère, quel qu'il fut, serait forcé, je ne dis
pas à des concessions, mais à suivre des avis si évidemment utiles et dans la nature des choses, qu'il
n'aurait aucun intérêt à les repousser. On serait
jésuite, ventru, ultra, que si on vous démontrait
des moyens de prospérité, on ne les repousserait
pas, et l'on serait même enchanté de satisfaire la
nation sur des objets qui ne semblent point tou-
cher aux intérêts du pouvoir. Je sais qu'on a pré-
tendu que c'était un parti pris de tuer l'industrie, mais je ne l'ai jamais cru, parce que le
pouvoir a besoin de trop d'argent, et qu'il n'est
pas encore assez bête pour en tarir la source.
Non, la prospérité a visiblement décliné plutôt
par l'ignorance des vrais ressorts du bien public,
que par mauvaise intention; et en effet, à l'exception de quelques membres de l'extrême gauche,
dont les motions, dégagées des précautions ora-
toires de dévouement à la monarchie, ont paru
trop sèches et n'ont point été prises en considé-
ration, je ne sache pas que la Chambre se soit
occupée d'aucune question d'une utilité indus-
trielle.

Cependant le véritable malaise est là; c'est ce
malaise qui, ne trouvant point de débouchés,
s'exhale en haine contre les prêtres, contre le
pouvoir, contre toutes les supériorités sociales

et qui, s'il était enfin compris, expliqué, se ré-
pandrait en discussions d'un intérêt plus matériel
et plus patent, et finirait par se calmer dans le
développement d'une prospérité indéfinie.

Le jour où l'on comprendra qu'il n'y a de
bornes à la richesse d'une nation, qu'en lais-
sant un plein cours à toutes les intelligences, en
fondant des institutions de crédit qui aident et
signalent ces intelligences, il ne restera plus une
minute pour des murmures ; c'est alors, seulement,
qu'un long repos sera acquis à la France. Il est
vrai qu'un tel destin n'est dû qu'à la liberté ; mais
cette liberté n'est point turbulente, ni hostile au
pouvoir, quand on sait la comprendre, et qu'on
ne lance point une nation besogneuse avec une
langue politique mal faite, dans tous les égare-
mens du désespoir.

L'intelligence a ses affinités comme la matière,
et, bien que la chambre se renouvelle de temps
en temps de gens de quarante ans, nous n'en
pouvons pas concevoir l'espérance de voir changer l'esprit qui lui a été imprimé par les premiers
vieillards qui l'ont occupée. Je le crains, surtout
quand je vois que les Say, les Duméril, les Brous-
sais, les Gay-Lussac, les Lamarck, etc., ne font
pas partie de la chambre.

Si les conditions de fortune n'étaient point
jointes à celles de l'âge, on pourrait encore espérer de voir de temps en temps quelques vieillards associés aux idées du temps, et, sortant de

la vie active, venir donner des renseignemens sur l'état réel des choses. Mais sous le régime actuel de la France, les conditions qui mènent à la fortune sont de telle nature, que les hommes qui s'y soumettent faussent, par cela seul, leur jugement sur les phénomènes sociaux.

L'avocat, l'avoué, tout homme tenant au barreau, qui a pu faire fortune en s'habituant à des décisions émanées de juges étrangers aux affaires actives, a certainement pris une idée fausse sur la production des valeurs, et il s'est associé (involontairement sans doute), à un régime qui tue la production, en croyant protéger la propriété; régime qui est l'origine de cette fausse maxime, qu'une valeur ne peut s'accroître sans blesser les intérêts de quelqu'un. Or, appliquez une telle manière de voir à tous les phénomènes sociaux, et vous aurez des explications sans aucun rapport avec les besoins d'une civilisation progressive. C'est ainsi, qu'en matière civile, la jurisprudence n'a éprouvé aucune amélioration bien marquante depuis quatorze ans, et que les cours royales ne valent pas mieux que les parlemens pour régler les affaires des citoyens. On a même remarqué que depuis le commencement de la révolution, les hommes du barreau ont été les vrais embrouilleurs dans toutes les assemblées nationales. Il faut en convenir, rien n'est plus funeste, dans un siècle tel que le nôtre, que des gens qui font métier de régler les affaires d'autrui, sans avoir d'autres renseignemens à ce sujet qu'un droit écrit, dès long-temps débordé par les exigeances de l'époque.

Les négocians et les banquiers éligibles ne doi-vent souvent aussi leur fortune qu'à un ordre de transaction tout-à-fait vicieux. Les lois de douanes, la base fautive des impôts indirects, les octrois, les privilèges des agens de change et courtiers, le privilège de la banque de France, les entraves aux entreprises maritimes, et par-dessus tout, le droit commercial émané des fausses idées sur la propriété que nous devons aux conquérans romains et barbares; les corporations sur les petites industries établies par différentes municipalités ; les préjugés sur plusieurs états, tels que les fermiers et autres ; le mince salaire des ouvriers, ont donné au système de crédit qui doit soutenir la production, une direction tout-à-fait fausse : aussi, les hommes qui prospèrent au sein de cet état de choses, sont-ils fort inhabiles pour donner des renseignemens sur les améliorations que réclame l'industrie : ce sont les malheureux que l'on devrait appeler pour cela, et les riches seuls sont consultés. Doit-on s'étonner alors si, tout ce qui concerne l'industrie, est expliqué aux chambres d'une manière si étrange ! Ce n'est pas qu'il ne se trouve des exceptions, et que des banquiers ou négocians, qui ont fait leur fortune sous l'influence de ce faux système, ne soient très-capables d'en signaler les défauts; mais leur minorité est si grande dans une assemblée de vieillards et de privilégiés, qu'ils se taisent de peur de passer pour des rêveurs.

Avec une telle réserve, les crises commerciales, ces véritables causes du mécontentement général, restent sans autre explication, que l'accusation d'imprudence prodiguée aux industriels qui ont trop produit (à ce qu'on assure), comme si la consommation avait d'autre limite que la production elle-même. Certes la production ne sera jamais trop grande, tant que le moindre travailleur ne portera pas de bons habits, ne sera pas logé commodément, et n'aura pas une nourriture abondante. Or, comme les trente millions de français peuvent produire assez de linge, d'habits, de maisons, et de nourriture pour en venir là ; si on n'y est pas encore arrivé, c'est parce qu'on ne produit pas assez ; car le désir de consommer ne manque à personne. Mais comme pour utiliser l'intelligence, le savoir et la force de chacun, il faut un ordre social plus parfait que le nôtre ; comme cet ordre ne peut se former que par la connaissance des besoins de tous, des vieillards privilégiés sont, à mon avis, fort inhabiles pour en manifester l'expression, et ne peuvent que se tromper beaucoup en donnant des explications à ce sujet.

Un autre moyen de fortune en France est la carrière des emplois ; mais la science administrative est dans ce moment encore plus loin de la connaissance des besoins intimes de la masse, que celle qui résulte des professions du barreau ou du commerce ; elle est le refuge de tous les préjugés ; c'est par elle qu'à été vicié ce que la révolution nous avait laissé de moyens pour seconder la progres-sion de la société ; on lui doit les prohibitions, les réglemens sur l'industrie, l'empêchement de se réunir en société libre, et les conflits ; avec cela on pourrait faire des Chinois, du peuple le plus *progressif* du monde; cette école ne nous donnera pas encore de grandes lumières sur les causes du malaise actuel.

Restent les gens nés riches, et qui le sont encore lorsque l'âge les rend éligibles; les loisirs de cette classe, beaucoup moins nombreuse qu'on ne se l'imagine, sembleraient lui donner au moins le temps d'examiner les phénomènes sociaux; aussi s'en occupe-t-elle, mais de si loin, et tellement avec les livres, les souvenirs de l'histoire et le babil de salon, qu'il en est sorti des systèmes aristocrati-ques et doctrinaires, qui annoncent de fort hon-nêtes gens et des hommes fort capables, mais qui ne sont point dans la question du jour. Cependant il faut leur rendre la justice de dire que c'est en eux que se trouvent aujourd'hui quelques projets d'améliorations bien arrêtés. — Mais je crains que ce qu'ils prennent pour un progrès, ne soit tout bonnement qu'une forme et des mots diffé-rens appliqués au développement du même sys-tème politique, qui tourmente l'Europe sous des noms divers.

Je le répète, la civilisation pousse en avant, chacun veut jouir de ses avantages, et tous le pourraient sans nuire aux autres, si l'on voulait comprendre que la production des valeurs est indéfinie, que la progression sociale n'a point de bornes; mais pour arriver à seconder ce mouvement, il faudrait savoir formuler un droit de la production, et peut-on l'espérer de gens qui ne l'entendent pas puisque on ne peut l'attendre des savans eux mêmes, puisqu'une doctrine bien complète serait insuffisante à ce sujet. Il faut que ce droit soit révélé par ceux qui en sentent le besoin, que cette révélation ait lieu dans des assemblées publiques, et que la conviction jaillise du sentiment d'un intérèt commun. Or, la production n'a de représentans que la jeunesse, qui veut jouir des biens de la vie en donnant en échange son activité et son travail. La vieillesse, au contraire, se roidit contre le mouvement productif, croyant y voir la perte de ses capitaux péniblement acquis. Je ne crains donc pas d'affirmer que c'est à l'absence de la jeunesse dans les délibérations politiques que l'on doit attribuer tous les embarras de l'époque, parce que le malaise général est dû tout entier aux fausses définitions que les docteurs politiques actuels donnent à la progression sociale.

Si l'on n'y porte remède, nous verrons surgir de la Gérontocratie de nouveaux bouleversemens, ou un système plus déplorable encore.

Or, pour s'y soustraire, pour acquérir la connaissance des besoins journaliers, il faut une représentation réelle de la nation; et je crois avoir assez démontré que celle des Gérontes est incomplète, et ne répond point aux exigences du tems; qu'elle menace même de nous replonger, pour des siècles peut-être, dans tous les malheurs qui sont la conséquence inévitable des préjugés et de la routine.

DE L'IMPRIMERIE DE DAVID,
BOULLVART POISSONNIÈRE, no 6.